I0394113

DIESES BUCH GEHÖRT:

www.ingramcontent.com/pod-product-compliance
Lightning Source LLC
Chambersburg PA
CBHW021846170526
45157CB00007B/2957
* 9 7 8 1 0 7 4 7 3 7 3 7 5 *